AF247165

ALGÉRIE.

Paris. — Impr. de Pommeret et Guénot, rue Mignon, 2.

ALGÉRIE.

DU GOUVERNEMENT DES TRIBUS.

CHRÉTIENS ET MUSULMANS,
FRANÇAIS ET ALGÉRIENS.

PAR M. I. URBAIN.

Extraits de la REVUE DE L'ORIENT ET DE L'ALGÉRIE,
N^{os} d'Octobre et de Novembre 1847.

BIBLIOTHÈQUE ROYALE

PARIS.
JUST ROUVIER, LIBRAIRE-ÉDITEUR,
8, RUE DU PAON (ÉCOLE-DE-MÉDECINE).

1848.

ALGÉRIE.

DU GOUVERNEMENT DES TRIBUS DE L'ALGÉRIE.

L'importance de l'Algérie a cessé, on peut le dire, d'être en discussion. L'opinion publique et les bons esprits qui savent le mieux se tenir en garde contre l'entraînement des illusions, ont accepté notre colonie comme un gage de force pour notre marine militaire et de prospérité pour notre commerce dans la Méditerranée. On se préoccupe aujourd'hui de réaliser les espérances qu'a fait naître la conquête, et d'atténuer les sacrifices d'hommes et d'argent imposés à la France depuis 1830.

Ce problème touche à sa solution. Chacun des accidents de la longue lutte que nous avons soutenue contre les populations indigènes a contribué à nous faire mieux préciser les points où devait se porter notre attention pour l'organisation et la domination du pays. La guerre, en nous obligeant à multiplier nos établissements dans l'intérieur des tribus, nous a mis en contact avec les Arabes, et nous a fait acquérir la certitude qu'après avoir subjugué ces tribus sur le champ de bataille, nous pouvions espérer les soumettre à une administration régulière et les forcer à la paix en les associant à nos travaux de colonisation.

Ne serait-il pas étrange que, voulant nous établir dans un pays nouveau, nous ne tinssions aucun compte de ses courageux habitants, que nos succès ont plus lassés que domptés? Cette population, dont le chiffre dépasse trois millions, attend avec impatience de savoir l'usage que nous ferons de la victoire, et elle est déjà prête à recommencer la lutte, si, par des mesures imprudentes, nous provoquons son fanatisme en blessant son attachement à des habitudes traditionnelles. Pendant quinze années, elle a déployé, pour la défense de son territoire, une énergie et un dévouement qui révèlent un caractère honorable et qui ne doivent pas être bravés. N'oublions pas que les tribus arabes de l'Algérie, sans organisation politique ni militaire, luttant sans cesse contre la misère et l'anarchie, ont pu paralyser longtemps les efforts de nos troupes si bien disciplinées et toujours victorieuses.

Avant de tomber en notre pouvoir, l'Algérie avait un gouvernement et une administration qui, bien qu'imparfaits, suffisaient au maintien de la paix. Pourquoi ne puiserions-nous pas quelques utiles enseignements dans l'étude de ce qui a existé avant nous? Bouleverser les coutumes et les usages des indigènes, les déposséder de leur territoire, les rejeter vers les régions méridionales, où toute amélioration sociale deviendrait plus difficile pour eux, ce serait se préparer de grands obstacles dans l'avenir et perpétuer en quelque sorte le caractère précaire de notre domination.

On se préoccupe, en général, trop exclusivement de la nécessité d'introduire immédiatement en Algérie une nombreuse population européenne. On ne peut pas espérer aujourd'hui que l'action du gouvernement, ou de quelques compagnies de colonisation, suffira pour déterminer de ces émigrations considérables qui, comme cela est arrivé autrefois pour le Canada, transportaient tout d'un coup une population compacte et organisée. On ne doit attendre qu'une émigration partielle, avec des origines diverses, des passions difficiles à discipliner ; elle ne produira qu'une colonisation graduelle, c'est-à-dire lente et pénible. Faudrait-il, jusqu'au jour où ces colons seront assez nombreux pour former une population, laisser la société arabe vivre à côté de nous sans nous inquiéter de son avenir ? Ces belles plaines, si chèrement acquises, devraient-elles rester désertes ou mal cultivées ? nos soldats, au milieu des plus dures fatigues, auraient-ils à garder encore, les armes à la main, un pays à moitié dévasté et abandonné ? Personne ne voudrait accepter la question dans ces termes. C'est là cependant où nous serions conduits si nous refusions d'admettre, au moins provisoirement, la population arabe comme un des éléments de nos entreprises de colonisation.

Toutes les fois que la conservation de l'Algérie a été en péril, devant l'opinion ou dans les chambres, on a toujours proclamé que la France avait une mission providentielle à remplir au milieu de ces peuples dégénérés.

S'agissait-il de demander au budget de nouveaux sacrifices, c'étaient encore l'intérêt de la civilisation et la gloire du nom français que l'on déclarait engagés pardessus tout dans la question. Et cependant, pourquoi, lorsque nous nous trouvons en présence des indigènes, pressés de jouir, oublions-nous ces nobles inspirations pour n'écouter que les suggestions d'un intérêt égoïste? Nous semblons abandonner à la Providence le soin d'accomplir les beaux desseins que nous lui prêtions, et dont nous nous étions déclarés les instruments prédestinés.

Sans doute il faut que la présence de la France en Algérie tourne surtout à l'avantage de la France elle-même; mais ne limitons pas l'intérêt français à la réalisation de quelques essais de colonisation. Ne perdons pas de vue ces devoirs que nous nous sommes imposés et dont les exigences subsistent même après la victoire. Il dépend de nous de rendre l'Algérie glorieuse et utile pour la France, non en un jour, mais progressivement; non en demandant au pays de nouveaux sacrifices d'hommes et d'argent, mais en apportant l'ordre et l'esprit de suite dans l'emploi des éléments qui sont entre nos mains et en tirant habilement parti de la position que la victoire nous a donnée.

De cette double condition de notre présence en Afrique, résulte donc pour nous deux devoirs : la civilisation à enseigner au peuple vaincu, les intérêts français à garantir. Il nous reste à constater la connexité qui lie ces deux intérêts et comment l'avantage que nous devons attendre dépend entièrement de l'action à exercer sur les indigènes.

On s'est découragé trop tôt devant la répugnance manifestée par les Arabes contre notre domination. Dès que nous avons obtenu la soumission des tribus, on a mis un fâcheux empressement à déléguer notre autorité à des chefs indigènes, sous prétexte d'accorder toute l'attention au développement de la colonisation. Mais les insurrections n'ont pas tardé à révéler que les Arabes étaient mal gouvernés par les Arabes; que c'était choisir de mauvais agents pour faire connaître aux populations notre justice et nos intentions bienveillantes, que de les confier à la direction de leurs anciens chefs. Les événements ont prouvé qu'après avoir vaincu et désarmé, nous devions administrer nous-mêmes. C'est à ces conditions que nous garantirons la sécurité aux colons.

La dernière discussion des crédits extraordinaires pour l'Algérie a pleinement fait ressortir cette vérité. Pour coloniser, il faut de la sécurité; ce résultat ne peut être atteint qu'avec une armée nombreuse appliquée à soutenir les efforts d'un gouvernement habile pour les populations indigènes. On n'est donc pas plus admis à dire que les Arabes seront toujours hostiles, parce que, ne s'étant pas occupé d'eux avec le soin nécessaire, ils se sont révoltés, qu'on ne peut prétendre que la colonisation est impossible, parce que les premières tentatives, mal dirigées, ont échoué. Jusqu'à présent, on paraissait ne s'être souvenu qu'il y a des Arabes en Algérie que lorsqu'il fallait les combattre et les vaincre. Aujourd'hui cette déplorable préoccupation se reproduit sous une autre forme : la colonisation ayant besoin de terrain pour ses travaux, on s'est aperçu que le sol était occupé par des tribus, et on n'a pas entrevu d'autre solution que de les déposséder et de les refouler. C'est la guerre sous un autre nom. Mais on oublie qu'en s'emparant de l'Algérie, la France a proclamé qu'elle avait une mission civilisatrice à l'égard des Arabes. Combattre les insoumis, déposséder les soumis, voilà donc dans quelles limites s'exercerait notre action sur les indigènes !

Ce n'est pas par des procédés violents que la colonisation peut s'installer dans le pays. La guerre a abattu la résistance des Arabes, c'est à l'administration à dompter leur cœur, à les civiliser. Il sera plus facile de vaincre l'obstacle qu'ils offrent pour la colonisation, en les associant à nos travaux agricoles, qu'en les refoulant vers le désert.

Lorsqu'on étudie la situation morale et politique des tribus, on acquiert promptement la conviction qu'elles ont besoin de beaucoup d'améliorations. Mais ce que les Arabes attendent de notre civilisation, ce ne sont pas ses vices raffinés. Ce qu'ils demandent de nous, ce qu'ils peuvent recevoir sans compromettre ni leur caractère, ni leurs croyances, c'est une organisation administrative favorable au développement de l'agriculture et du commerce, c'est une organisation du culte et de la justice, un large système d'instruction publique et quelques institutions de bienfaisance.

La satisfaction de ces besoins est plus facile qu'on ne le croit, et personne ne saurait en nier les résultats. Il faut constater d'abord les éléments qui existent, les coordonner et aider leur développement. Les choses nouvelles ne doivent être introduites que par nécessité absolue et lorsque les lois et coutumes offrent une lacune.

Le premier devoir est donc d'interroger le passé pour nous éclairer de l'expérience des dominations antérieures. Il faut chercher par quels points cette population est abordable, quels ont été les moyens d'action sur elle, en quoi résidait la force du gouvernement et de l'administration. Sans s'arrêter aux systèmes appliqués par les Romains et par les conquérants qui leur ont succédé, il suffira de jeter un coup d'œil rapide sur la domination turque. Conquérants et vaincus étaient presque au même niveau de civilisation ; et si on n'a pas à admirer les combinaisons d'une politique savante, on trouvera un modèle plus sûr, les inspirations du bon sens, cette grande sagesse qui sait le mieux tenir compte des circonstances, des hommes et des lieux.

Le système turc a été apprécié d'une manière très-incomplète, parce qu'on l'a réduit à l'institution du Divan et de la milice d'Alger. C'est son action sur les tribus qu'il fallait étudier. Quelques-uns ont pris l'exagération de ses moyens les plus violents pour le système lui-même, et lui ont attribué tous les maux qui accablaient le pays, lorsque la victoire nous en a rendus maîtres. Cependant le principe de gouvernement pour les tribus n'était ni la rhazia, ni la confiscation, ni même les divisions semées entre les grandes familles. C'étaient là des excès dont il faut chercher la source dans l'ignorance, la cupidité ou la cruauté des agents appelés à appliquer le système. La véritable force qui a survécu aux plus déplorables écarts des administrateurs, aux attaques extérieures, aux dissensions, celle qui maintenait encore leur puissance après plus de trois siècles d'un despotisme aveugle, c'était l'organisation donnée aux tribus.

Il faut croire à cette aptitude pour le gouvernement, attribuée aux Turcs comme un don naturel, quand on voit avec quelle prudence, quel esprit de prévision, ils avaient constitué le pays. Ils avaient respecté les affinités et les répulsions des diverses races et des principales familles entre elles; ils avaient, parmi les nombreuses classes de cette population, choisi des alliés en tirant parti du caractère et des instincts des Arabes; ils avaient trouvé, en dehors d'eux, le principe d'une force publique respectable. Pour atteindre leur but, ils profitèrent des coutumes, des préjugés, des hommes et des circonstances. Ici s'imposant par la force, là se créant des alliances; corrompant les uns, persuadant les autres; utilisant les éléments favorables, sachant paralyser ceux qui leur étaient contraires. Dans un pays où les villes ont à peine l'importance d'un marché et n'exercent aucune influence administrative, au milieu de peuplades auxquelles manque le sentiment de la nationalité politique, pour lesquelles l'intérêt commun n'est qu'un lien restreint à de petites localités, la tribu est demeurée le premier, le plus important élément social. Organiser le pays, c'était donc constituer la tribu administrativement, la relier à un centre commun, l'intéresser et la faire concourir au maintien de l'ordre. Aussi ce fut sur la tribu que les Turcs concentrèrent leurs efforts.

Lorsque les Barberousse et leurs compagnons fondèrent la régence d'Alger, les chrétiens occupaient plusieurs points du littoral ; les tribus étaient livrées à l'anarchie la plus complète : les unes issues des premiers conquérants arabes, les autres venues avec des émigrations postérieures ; celle-ci, berbères, ayant arraché le pouvoir aux Arabes et fondé des dynasties ; celles-là indépendantes dans des montagnes inaccessibles, toutes se disputant la suprématie dans des luttes terribles, incessantes, semées de chances diverses. Dans les tribus les plus considérables, les familles aristocratiques étaient divisées en deux parties, et les princes ne régnaient que sous le bon plaisir de leurs vassaux jaloux et turbulents. Les marabouts levaient l'étendard de la révolte sur plusieurs points ; un réformateur religieux, d'abord obscur, exploitant habilement les préjugés de la multitude, s'élevait jusqu'au pouvoir souverain et devenait la souche d'une dynastie ; enfin, tous les déchirements, tous les désordres des plus mauvais jours de la féodalité européenne. Le droit du plus fort était seul respecté : l'agriculture étant la principale occupation et l'unique ressource des tribus, celles-ci obéissaient à celui qui pouvait empêcher leurs ennemis de labourer ou de récolter, et protéger les champs et les troupeaux de leurs alliés.

Pour justifier ce tableau, il suffira de rappeler que les Génois étaient à Djidjelli ; les Espagnols à Bougie, à Alger et à Oran ; les Arabes de la conquête (Djouad), réunis aux émigrants postérieurs (Méhal), luttaient pour arracher le pouvoir à la famille berbère des Beni-Zian, souverains de Tlemsen. Les provinces intérieures du

Maroc avaient été un foyer d'où des fanatiques s'étaient élancés pour imposer leur joug à l'Afrique entière. Mostaghanem, Mazagran, Mazouna, Tenès, Médéah appartenaient aux Mehal; Milianah, la Metidja et le royaume de Bougie, autrefois tributaires du sultan de Tlemsen, étaient indépendants.

On sait comment, à force d'audace, de courage et de génie, Aroudj et son frère Kheireddin s'emparèrent de la plus grande partie du littoral et des villes de l'intérieur. Ce fut d'abord pour eux une nécessité d'accepter les grands chefs indigènes, comme alliés et de leur confier l'autorité sur les tribus. Mais l'expérience leur montra bientôt le danger de pareilles alliances. L'histoire de ces premières relations abonde en traits d'ingratitude et de perfidie. On lit dans la *Chronique d'Alger*, manuscrit arabe de cette époque : « Il n'y a rien de si « léger et de si inconstant que le peuple arabe : en« nemi de toute domination, il est toujours prêt à « écouter celui qui flatte son amour pour l'indépen« dance; n'ayant rien à perdre et tout à gagner dans « une révolution, il est disposé à s'armer en faveur du « parti qui lui offre le plus d'avantages. Kheireddin, trop « bon politique pour se refuser à un accommodement « avec des gens qu'il est difficile de poursuivre, leur « expédia des lettres d'*Aman*. Ses libéralités et sa bonté « leur donnèrent la plus haute idée de son cœur, et ils « parurent s'attacher sincèrement à lui. » Ces quelques lignes caractérisent bien la situation des tribus au moment de la conquête des Turcs, et indiquent un des moyens souvent employés par eux pour soumettre le pays.

La puissante organisation militaire qui leur assurait la possession des villes du littoral, habilement modifiée et étendue aux régions intérieures, les rendit maîtres des tribus et les affranchit du dangereux concours des grands chefs indigènes. Il fallait pouvoir atteindre tous les coupables et protéger tous les sujets. Dans ce but, chaque chef de tribu recruta autour de lui une cavalerie irrégulière dont le dévouement lui fut acquis par les larges prérogatives inhérentes à leurs fonctions. Ce fut, autant que les circonstances le permirent, une imitation de l'institution des spahis par laquelle Soliman-le-Grand avait fondé, dans les provinces de l'empire ottoman, une administration à peu près régulière.

Les familles nobles (douadi et djouad) étaient divisées par de vives inimitiés; lorsqu'ils ne purent comprimer les deux partis à la fois, ils les favorisèrent alternativement, pour qu'aucun des deux ne prît une prépondérance redoutable. Les marabouts, dont ils ne méconnurent pas l'importance, furent gagnés par des égards et par des présents; ils les surveillèrent et les éloignèrent du pouvoir. Les Kabyles, dans leurs retraites inexpugnables, furent laissés à leur indépendance : leur organisation intérieure les mettait à l'abri des intrigues, et leurs montagnes, à l'abri des armes. Ils tirèrent un utile secours des Maurisques chassés d'Espagne; ces réfugiés avaient un sentiment plus net de la puissance de l'ordre et du respect qui devait entourer l'autorité. Quant aux tribus dont le territoire était accessible pour leur vaillante infanterie, ils les soumirent à leur action immédiate. Les familles nobles et les marabouts furent écartés du gouvernement et remplacés par des kaïds turcs dévoués. Pour donner de la force à ces nouveaux fonctionnaires, on forma dans chaque kaïdat, sur les voies de communication les plus importantes, à proximité des marchés les plus fréquentés, des espèces de colonies militaires nommées douair, zemoul, zmala, abid.

Le kaïd choisissait lui-même, avons-nous dit, les cavaliers de la zmala, qui, campés autour de sa tente, constituaient un douar militaire. Ils lui servaient de garde, le mettaient à l'abri du ressentiment de ses ennemis, l'aidaient à maintenir l'ordre et à percevoir les contributions. Le gouvernement déterminait lui-même l'emplacement des douars établis le long des routes principales, à proximité des grands marchés, ou auprès du siége de l'autorité centrale avec des destinations spéciales. Il concourait à leur armement et à leur équipement; il leur distribuait de bonnes terres de labour et les affranchissait de la totalité ou d'une partie de l'impôt. Lorsque les circonstances l'exigeaient, tous ces cavaliers se joignaient aux troupes régulières. Ainsi, par le fait, à la noblesse de race se trouvait substituée la noblesse de fonction. Sur tous les points, des hommes dévoués, dans une position exceptionnelle qui leur assurait une large rémunération de leurs services, étaient prêts à prendre les armes pour appuyer les décisions de l'autorité.

Cette organisation ne put s'étendre sur toutes les parties du pays à la fois; aujourd'hui même, on rencontre des tribus constituées encore comme elles l'étaient avant la conquête turque, mais seulement dans des contrées qui étaient forcément sous la dépendance politique de la ligne intérieure. Cette particularité nous permettra de comparer l'organisation ancienne avec le système appliqué par les Turcs dans les fertiles régions du Tell.

. Dans les tribus dont le chef (grand cheikh) est choisi parmi les familles nobles, la nature de l'autorité n'est plus la même. La force militaire sur laquelle le chef s'appuie n'est pas une zmala composée de cavaliers choisis parmi les plus braves, mais c'est une fraction de tribu tout entière qui remplit les mêmes fonctions. Les intérêts et les passions de cette tribu (deïra mezarguïa) sont une loi pour le cheikh; car son antagoniste, d'une origine aussi noble que la sienne, peut-être plus riche ou plus habile, intrigue sans cesse pour lui arracher le pouvoir. L'autorité centrale n'a de l'influence sur ce cheikh que tout autant qu'elle le protége contre les tentatives de son concurrent. Ses rapports avec elle consistent dans l'acquittement d'un impôt qui n'est, à vrai dire, que le prix de cette protection. Le cheikh n'est plus, comme le kaïd, un administrateur, c'est un chef de parti qu'une aristocratie turbulente tient sous sa dépendance; c'est une lutte dans laquelle le vainqueur a des complices qui se font chèrement payer leur concours au détriment de quelques malheureuses fractions de la population. Si le bey destituait un chef, il était forcé d'élire un noble de la tribu soutenu par un parti.

Aussi remarque-t-on une différence radicale entre les tribus commandées par des grands cheikhs, derniers représentants de la féodalité arabe, et les tribus obéissant à des kaïds institués par les Turcs. Ici, il y a une force administrative indépendante de la personne du fonctionnaire, il y a des rapports réguliers avec la puissance souveraine : assiette, répartition et perception de l'impôt ; là ce ne sont que des intrigues pour paralyser les forces des tribus trop puissantes et inaccessibles et pour en tirer tant bien que mal une contribution. Sans nier les résultats déplorables que cet état de choses a produits quelquefois, on peut dire que ces échecs n'infirment pas le système général. Les révoltes excitées par les marabouts, les refus d'acquitter un impôt onéreux, accusent bien plus l'insuffisance et la rapacité des agents, que les institutions elles-mêmes. Qu'il soit permis de le répéter, si, pendant plus de trois siècles, ce gouvernement a pu, malgré ses fautes, se maintenir à travers tant de péripéties, c'est qu'il s'appuyait sur une base rationnelle et habilement préparée.

Pour organiser les tribus à notre point de vue et au profit de notre domination, on peut s'éclairer de ce qui a été fait par les Turcs. On sait que, par son morcellement, la société arabe s'est soustraite à l'influence du temps et des événements. Les siècles passent sur elle sans l'altérer, sans la modifier. Le rayon dans lequel nos armes peuvent faire sentir leur puissance invincible est beaucoup plus étendu qu'il ne l'a été pour les conquérants qui nous ont précédés. Nous pouvons, d'une part, perfectionner l'administration appliquée aux tribus du Tell ; de l'autre, nous avons la faculté d'entraîner dans notre mouvement politique les habitants des montagnes du littoral et les nomades du Sahara. Puissance des moyens militaires, puissance organisatrice et civilisatrice, rien ne nous manque pour faire mieux et pour obtenir plus que les Turcs ne l'ont pu.

Il y a encore des familles nobles que le temps est venu d'atteindre pour réduire leur prépondérance despotique et en faire des administrateurs hiérarchisés. Dans certaines contrées, notre intérêt politique ne nous commande pas d'exercer une autorité directe : il sera plus sage de déléguer à des indigènes une partie du pouvoir. Là, sans nous croire obligés de ressusciter la vieille devise : *diviser pour régner,* on pourra se servir de l'ambition des familles rivales pour s'assurer la loyauté du chef et le forcer à marcher dans notre voie. Il y a encore des marabouts à surveiller, à entourer d'une considération méritée, à enrichir par des faveurs et par des présents, tout en les poussant vers la vie exclusivement religieuse d'où Abd-el-Kader avait tenté de les faire sortir pour les mêler au monde politique. Il y a enfin des montagnards dont les coutumes et les susceptibilités doivent être l'objet de sages ménagements. C'est un ennemi facile à vaincre par la civilisation que celui qui aime ses foyers, habite des demeures fixes, possède des champs enclos, cultive des vergers, excelle dans la fabrication des armes, et qui sort de son territoire pour aller louer son travail ou faire des échanges, non pas pour aller faire du butin ou attaquer ses voisins. L'esprit de ces populations ne se modifiera pas en un jour; mais l'influence du commerce et des relations pacifiques marquera ses progrès d'une manière lente, mesurée, irrésistible.

Le concours de la noblesse peut nous être utile pendant un temps pour gouverner les tribus; mais il faut reconnaître que le véritable intérêt de la population arabe est dans la compression de ces grandes familles qui l'exploitent. Cette aristocratie peut, à son gré, entretenir des désordres, produire l'agitation ou faire régner la paix. Elle a derrière elle une clientèle nombreuse obligée pour vivre d'épouser les querelles de son seigneur, de sacrifier son repos à l'ambition des nobles, d'exposer incessamment sa vie, ses troupeaux, toute sa fortune, la tranquillité de sa famille pour servir les passions de son puissant protecteur. Les marabouts exploitent également les Arabes ; ils devaient leur crédit à leur intervention auprès des chefs exigeants, afin de garantir le faible et le pauvre. Leur rôle était donc surtout un rôle de médiateur, auquel leur qualité de juge, de directeur de zaouïa, d'homme pieux, donnait un caractère également respecté par le chef et par le client. Abd-el-Kader avait voulu, comme nous l'avons déjà dit, appeler des marabouts à l'exercice du pouvoir exécutif ; il en fit des khalifa. La tentative a tourné à leur préjudice. A l'exception de l'émir, presque tous ces nobles religieux qui ont rempli des fonctions publiques se sont montrés rapaces, cruels et de mœurs relâchées. Cette circonstance doit nous venir en aide pour faire rentrer les marabouts dans une position purement religieuse.

C'est à l'administration française à exercer vis-à-vis des populations et le protectorat abandonné à la noblesse militaire et l'intervention officielle ou officieuse attribuée jusqu'ici aux marabouts. Pour gagner la confiance des tribus, il suffira de garantir la tranquillité intérieure, de choisir des fonctionnaires probes et d'assurer une impartiale administration de la justice.

Le premier élément de sécurité pour les indigènes, aussi bien que pour les Européens, c'est l'armée que la France entretient en Algérie. Le pays arabe est dominé et protégé par les places situées sur la ligne intérieure, depuis Tlemsen jusqu'à Tebessa; les postes qui bordent la lisière du Tell, vers le Sahara, sont le complément de ce grand système d'occupation. Une habile distribution de nos forces sur ces deux lignes consolidera pour toujours notre domination, et permettra de réduire l'effectif de l'armée d'une manière notable, lorsque les ressources militaires qui ont été employées à la conquête du pays seront appliquées avec la même ardeur et la même intelligence à le gouverner et à l'administrer.

Les établissements militaires dans les places de la ligne centrale étant terminés, les troupes sagement réparties, il faut que les officiers généraux et les colonels commandant ces circonscriptions deviennent les chefs administratifs du pays. L'institution des bureaux arabes, qui a déjà rendu tant de services, aura pour résultat définitif de réaliser cette espérance. Dès lors, on n'a plus besoin de ces rouages, inutiles quand ils ne sont pas dangereux, qu'on appelle *khalifa*, *bach-agha*, *agha*, et qui absorbent des fonds considérables. Les bureaux arabes doivent suffire pour donner l'impulsion à l'administration secondaire, surveiller l'esprit public, diriger et contrôler toutes les opérations concernant l'impôt, s'occuper des écoles, des zaouïa, des kadhi, encourager les Arabes à chercher des modèles pour leurs travaux agricoles parmi nos colons, favoriser les plantations d'arbres et la construction des maisons. De pareils résultats ne s'obtiendront jamais par l'intermédiaire des grands chefs indigènes, qui sont dominés par la seule préoccupation de s'enrichir vite et de ne laisser se perdre aucune des prérogatives, aucun des droits, aucune des redevances attribués à leurs fonctions sous le gouvernement turc. — Ceux-là sont encore les meilleurs.

Mais l'ordre ne peut pas arriver directement du bureau arabe à la population; la tribu doit avoir un représentant qui reçoive les communications de l'autorité française et qui les transmette aux individus. C'est le rôle du kaïd : il doit être choisi parmi les indigènes. De même que la tribu est le principal élément de la société arabe, le kaïd est l'agent administratif le plus important; c'est lui qui nécessairement doit servir d'intermédiaire entre l'autorité française qui dirige, qui donne l'ordre, et l'Arabe qui obéit. A ce poste délicat, les Turcs mettaient presque toujours des Turcs, c'est-à-dire des hommes sûrs et éprouvés. Nous ne pouvons pas penser à les imiter jusqu'à vouloir nommer des kaïds français. Cela peut être fait sur quelques points par exception ; mais si l'on voulait généraliser la mesure, nos kaïds français, mal initiés au langage, aux mœurs et aux habitudes des tribus, seraient obligés de prendre des intermédiaires, et on n'aurait échappé à un danger que pour tomber dans un autre. Mais on devra choisir de préférence ces kaïds indigènes parmi les officiers et les sous-officiers arabes qui ont servi ou qui servent encore dans les troupes indigènes commandées par des Français, ou parmi les individus qui auraient donné des gages certains de fidélité et d'intelligence.

Les troupes indigènes devront fournir nécessairement un nombreux contingent à l'armée d'occupation. Mais il faudra moins se préoccuper d'en faire des régiments selon l'ordonnance, qu'une sorte de gendarmerie, destinée à maintenir l'ordre dans le pays. Ces corps devraient être entièrement à la disposition des bureaux arabes, faire peu d'expéditions purement militaires, et être presque exclusivement employées à la police des marchés, à la perception des impôts, avoir enfin, en quelque sorte, des fonctions administratives. On pourrait leur demander des colons pour former des villages indigènes et renforcer les zmela des kaïds. Si la colonisation militaire est praticable, c'est avec les indigènes, et dans le but de veiller à la sécurité des routes, et non pas pour faire des entreprises modèles d'agriculture.

On s'est exagéré le danger qu'il y aurait à mêler les Européens aux indigènes dans les villages de l'intérieur. Ce danger est imaginaire. Le fanatisme des Arabes a servi de texte à de nombreuses déclamations; et ce fanatisme cependant est une de nos erreurs sur le caractère arabe, presque un préjugé. Les habitants de l'Algérie sont en général moins fanatiques que la plupart des peuples de l'Europe méridionale. Ils ont un sentiment très-exalté de la Divinité, mais il est moins grossier qu'on le croit communément. On oublie d'ailleurs que ces peuplades, n'ayant pas de nationalité, prennent le nom d'*allah* lorsque le danger devient commun et imminent, comme le seul cri de ralliement possible; la foi et la patrie ont le même drapeau, parce que la religion est le seul lien qui puisse réunir les tribus.

Personne n'ignore comment Abd-el-Kader entretenait la guerre sainte (djehed). Il poussait les tribus au combat à coups de bâton, et n'entraînait les guerriers qu'à force de promesses et de mensonges. Il y a chez les Arabes quelque chose de plus vénéré que le *djehed*, c'est la paix (afia), la sainte paix! Combien de fois, pendant le cours de nos expéditions militaires, n'avons-nous pas vu éclater la joie des tribus lorsqu'on leur annonçait la fin de la guerre! Les grands peuvent bien, par orgueil, dissimuler leur sentiment devant nous; pour les pauvres, la nécessité de vivre est irrésistible. La guerre brûle leurs moissons, enlève leurs troupeaux, décime leurs enfants, les oblige à l'émigration et les réduit à la plus affreuse détresse. Si ce ne sont pas des habitations qui les attachent au sol de la tribu, ce sont les silos, les cimetières, les chapelles. Ils consentent bien à s'éloigner pour un temps de leur territoire, mais le regret ne tarde pas à les saisir, et ils éprouvent, eux aussi, la nostalgie. Il suffira de rappeler la catastrophe récente qui a détruit les tribus des Beni-Amer et des Hachem, réfugiés dans le Maroc avec leurs femmes et leurs troupeaux, pour prouver que les Arabes sont très-attachés au sol de leur tribu.

Mais les indigènes fussent-ils fanatiques, il n'y a pas de passion, si violente qu'elle soit, qui ne s'use en s'exerçant dans le vide. Or, les tribus savent enfin, malgré les mensonges de leurs chefs, que ce n'est pas un intérêt religieux qui nous a attirés en Algérie, et que nous ne voulons que faire régner la paix et l'ordre. Comme partout, l'empire des faits accomplis consolera les hommes raisonnables; l'Arabe a l'imagination vive, mais il a l'esprit positif. Quant aux fanatiques, la vigilance de nos

troupes les dégoûtera de toute tentative armée contre nos
populations, et une police sévère les aura bientôt déter-
minés à se résigner aux bienfaits de notre administration
ou à évacuer le pays.

Nous avons indiqué les moyens d'établir la paix, de
recruter des agents indigènes fidèles, et de créer aux
Arabes des intérêts semblables aux nôtres. Les troupes
indigènes, en cessant de recevoir une destination exclusivement militaire, fourniront de précieux instruments
de gouvernement; les colonies arabes, ou zmala, garan-
tiront la sécurité des routes et la tranquillité des grands
marchés de l'intérieur; la paix et l'ordre augmenteront
les ressources de l'impôt. Pour les tribus, la fin de la
guerre et des discordes intestines leur ouvrira une ère
de prospérité; des travaux d'utilité publique favoriseront
le développement de la richesse générale; leurs habitudes agricoles et industrielles se perfectionneront à
notre contact; les Arabes acquerront des notions de prévoyance et d'ordre. Le bien-être assuré au travail pré-
parera l'avénement des classes moyennes, jusqu'ici ex-
ploitées par les nobles et les marabouts; la stabilité et la
protection accordées aux intérêts les rattacheront à la
nationalité de la colonie européenne.

En résumé, notre premier soin doit être de prendre
en main l'administration des tribus avec la pensée de
les convertir un jour en bourgs et en villages.

L'organisation actuelle de l'Algérie se ressent des circonstances qui ont précédé la pacification du pays. Lorsque les tribus commencèrent à se soumettre, depuis plus

de deux années, la France faisait à Abd-el-Kader une
guerre énergique pour ruiner ses ressources militaires.
On voulait détruire une armée ennemie, conquérir un
territoire; mais on ne s'était peut-être pas assez préoc-
cupé de la nécessité où l'on se trouverait de gouverner
la population qui nous combattait, lorsqu'elle mettrait
bas les armes. On peut dire que le succès nous prit, sur
ce point, au dépourvu. Il fallut accepter d'abord les
chefs indigènes qui vinrent à nous les premiers, et leur
laisser le soin d'administrer les vaincus d'après les er-
rements antérieurs.

Cette situation eut ses avantages. Il était habile et
prudent de ménager l'orgueil et le fanatisme des indigènes; des hommes nouveaux et des innovations n'auraient fait qu'entretenir une agitation dangereuse dans
les esprits. On devait faire d'abord l'épreuve des formes
administratives anciennes mises en pratique, soit par
les hommes d'Abd-el-Kader, soit par ceux ayant appar-
tenu au gouvernement turc. Cette expérience peut être
considérée comme terminée. Les uns et les autres se sont
montrés insuffisants, et dangereux à employer, pour
atteindre le but auquel nous aspirons. Les fonctionnaires
turcs, mal surveillés, habitués à des procédés violents,
ne voyaient dans les tribus que des contribuables à ex-
ploiter pour s'enrichir promptement; on ne pouvait
avoir avec eux qu'une administration au jour le jour,
sans moralité, sans prévoyance, sans esprit de suite. Les
agents d'Abd-el-Kader avaient conservé un souvenir plus
récent des tendances organisatrices du gouvernement
de l'émir. Mais la guerre avait été une nécessité pour
l'installation du nouvel ordre de choses; elle ne pouvait

offrir quelques bonnes chances qu'en exaltant le fanatisme des Arabes contre les infidèles et les étrangers. Le
premier résultat de l'emploi de pareils instruments par
la France fut et devait être de les déconsidérer aux yeux
de la population. Ainsi, les familles militaires, qui four-
nissaient aux Turcs leurs principaux agents, avaient des
traditions oppressives et rapaces ; et les marabouts employés par l'émir avaient donné aux questions religieuses
une prédominance nuisible à la bonne conduite des af-
faires.

La première organisation n'a pu être que transitoire,
et l'obligation nous est imposée de la modifier, puisque
nous avons reconnu que les agents soit des Turcs, soit
d'Abd-el-Kader, ne peuvent se transformer au point
d'être adoptés par notre administration. Il ne ressort pas
de cela que nous devions détruire l'aristocratie militaire
ou religieuse arabes ; il ne s'agit que de faire triompher
l'ordre et la justice, et de prendre position au-dessus de
l'aristocratie dans la hiérarchie des pouvoirs. La tribu
qu'on peut assimiler, soit à la commune, soit au canton,
doit être commandée par des indigènes ; mais toute autorité chargée d'une centralisation, et exerçant une sur-
veillance sur plusieurs kaïds, doit être française. On ne
saurait, sans grande imprudence, appeler d'autres agents
que des agents français à veiller aux intérêts de notre
domination et à la direction de l'administration des tribus. La création des bureaux arabes a commencé à réaliser cette amélioration.

D'après ce qui précède, le gouvernement des indigènes doit traverser plusieurs phases. Dans la première

période de la soumission, que nous appellerons la phase arabe, il faut conserver les habitudes administratives et les chefs anciennement investis du pouvoir. Il faut utiliser les influences bien réelles, bien constatées, en évitant toute manifestation, soit armée, soit d'une autre nature, qui aurait pour résultat d'imposer aux tribus des hommes qui leur sont antipathiques. Pendant cette phase arabe, le rôle de l'autorité française doit se borner à chercher à se mettre en relation avec les intérêts généraux du pays. Les questions d'impôt, les corvées, les rassemblements de guerre, les travaux d'utilité publique sont des occasions excellentes pour faire connaître aux Arabes de condition inférieure l'esprit de notre administration, et de déterminer, en notre faveur, ce qu'on appellerait en France l'opinion publique.

La seconde phase du gouvernement indigène commence lorsque l'influence française a pris racine dans le pays et que les administrés eux-mêmes désirent l'intervention du chef français. A ce moment, il n'est plus besoin de fonctionnaires indigènes autres que les kaïds ; les bureaux arabes doivent administrer. Il ne faut pas induire de là qu'il faille cesser de rendre aux familles, jadis prépondérantes, ce qui leur est dû d'honneur et de considération ; on veut dire seulement qu'on n'est plus astreint à choisir exclusivement parmi elles les agents administratifs.

La troisième phase serait celle où, par les progrès de la colonisation, la tribu arabe pourrait, soit se juxta-poser à la commune française, soit se fondre dans celle-ci, de manière à relever comme elle de l'autorité civile. On comprend suffisamment que ce résultat ne pourrait être atteint qu'avec le temps, et après une série d'efforts intelligents et heureux. Alors un peuple nouveau, conservant des idiomes, des mœurs et des croyances divers, se développera sous la tutelle de la France, confondant ses intérêts, s'inspirant d'un même sentiment patriotique. Ce n'est plus la fusion inintelligente des races, des habitudes, des doctrines religieuses; c'est l'association des travaux pour atteindre un but commun : la paix et le bien-être.

CHRÉTIENS ET MUSULMANS,

FRANÇAIS ET ALGÉRIENS.

Monsieur le Rédacteur,

Le cahier de la *Revue de l'Orient* du mois de juillet dernier contenait une courte étude sur la lutte engagée entre le christianisme et l'islamisme. Le titre même de cet écrit indique avec quelles préoccupations l'auteur a interrogé les rapports de l'Orient et de l'Occident dans le passé; en signalant les dissemblances et les oppositions qui existent entre la religion du Christ et la foi musulmane, il a pensé justifier son appréciation historique. Il conclut donc, en déclarant que la lutte observée dans le passé, alimentée par la tendance même de deux croyances, doit se continuer dans l'avenir, et il entrevoit l'intervention des armes comme indispensable dans la nouvelle croisade que l'Occident semble prêcher contre l'Orient.

J'ai lu cet article avec quelque regret, non seulement parce que l'appréciation des faits historiques m'a paru incomplète, le caractère essentiel de la religion musul-

mane injustement défini, mais surtout parce que la
conclusion ne peut qu'entraver la solution de la grande
question qui se débat en ce moment en Orient, et parti-
culièrement en Algérie. Les anciennes études, les pré-
juges, les antipathies nous ont, il est vrai, fait voir
jusqu'à ce jour le christianisme et l'islamisme comme
deux ennemis irréconciliables; mais les faits qui se pro-
duisent journellement dans les relations de l'Europe
avec l'Orient ont une signification nouvelle, et ne nous
permettent plus d'accepter sans contrôle ces jugements
sommaires et ces conclusions hostiles. La situation actuelle peut nous aider à mieux comprendre les événements antérieurs, à être plus équitables envers les musulmans et nous conduire à des espérances meilleures
pour l'avenir.

L'histoire prouve, en effet, par de nombreux témoi-
gnages, qu'à plusieurs reprises, avec des chances diverses, les nations chrétiennes se sont trouvées en
lutte avec les peuples musulmans. Dans les premiers
siècles qui ont suivi l'apparition de l'islamisme, on voit
les soldats-apôtres de Mohammed, le Koran d'une
main et le glaive de l'autre, envahir rapidement les
contrées de l'Asie, de l'Afrique et de l'Europe où le
christianisme avait déjà jeté de profondes racines. Dans
une double direction, vers le Nord et vers l'Ouest, la
foi chrétienne cesse d'être la religion politique domi-
nante, et n'obtient la permission d'exercer librement son
culte qu'en subissant des conditions humiliantes. Ce
mouvement victorieux poussa les Arabes, à travers l'A-
frique et l'Espagne, jusqu'aux bords de la Loire; plus

tard, il amena les milices ottomanes jusque sous les murs de Vienne.

Les peuples chrétiens ne tardèrent pas à prendre leur revanche. L'armée musulmane, vaincue par Charles Martel, passe les Pyrénées, et, dans des luttes incessantes, perd, pied à pied, le pays qu'elle avait conquis en Espagne. Refoulée vers le midi, acculée au rivage de la mer, elle franchit le détroit. Les vainqueurs la poursuivent même en Afrique; et les Portugais dans le Maroc, les Espagnols à Oran, à Bougie et à Tunis, lui font encore sentir le poids de leurs armes. L'établissement des musulmans dans le centre de l'Europe ne fut pas plus durable, et, depuis leur défaite devant Vienne, ils durent battre en retraite, se retirant à l'Est et au Sud; aujourd'hui même ce mouvement rétrograde ne semble pas achevé.

Une observation frappe d'abord en étudiant les résultats de ces sanglantes collisions. Chassés d'Espagne, les Arabes laissent après eux une civilisation dont les vainqueurs s'assimilent les bienfaits. Repoussés de la Syrie, de l'Egypte et de Tunis, les croisés chrétiens rapportent dans leur patrie non seulement le goût des sciences physiques, mais la science politique, la médecine, les arts, le commerce. A force de vaincre les redoutables janissaires des sultans, l'Europe apprend à connaître la puissance de l'infanterie sur le champ de bataille. Mais si ces guerres profitent aux peuples chrétiens, elles ne sont que funestes pour les musulmans; elles marquent les progrès de leur décadence politique jusqu'au moment où la philosophie vient apporter un sentiment nouveau dans les relations de peuple à peuple.

Depuis le jour où, en combattant des musulmans,
l'Europe a cessé de voir en eux des ennemis religieux,
ces conflits armés sont devenus pour eux aussi un élément de progrès. Croit-on que les sultans de Constan-
tinople n'aient rien gagné aux relations diplomatiques
que, depuis François Ier, la France entretient avec l'O-
rient ? L'expédition d'Egypte a-t-elle été sans influence
sur le développement de ce pays? Enfin, la conquête de
l'Algérie n'a-t-elle pas modifié profondément la situation de la régence de Tunis et du Maroc? Pour moi, il
me semble qu'après ces guerres acharnées, après ces
conquêtes, les deux partis apparaissent animés de sen-
timents moins hostiles, mieux disposés à s'entendre,
à s'allier, à vivre en paix l'un avec l'autre.

Rappelez-vous quelle était la position des musulmans
et des chrétiens au quatorzième siècle seulement et ce
qu'elle est aujourd'hui. Rappelez-vous la cruelle persécution à la suite de laquelle les Maures durent quitter
l'Espagne, les terribles représailles des corsaires algé-
riens dans tout le bassin de la Méditerranée; l'institution des chevaliers de Malte et les bagnes d'esclaves
chrétiens dans les régences barbaresques. Comparez à
ce tableau la situation actuelle. La Russie, l'Angleterre,
la France ont des sujets musulmans pratiquant librement leur religion. En 1840, la Turquie a été admise
dans le concert européen, et l'existence de l'Egypte a
été garantie par les cabinets chrétiens; Tunis et le
Maroc ne doivent leur existence politique qu'à la protection européenne : le pape lui-même, le chef du catholi-

cisme, a noué des rapports diplomatiques et des relations amicales avec le Grand-Seigneur, qui porte encore
le trite de Commandeur des croyants !

Lorsque les nations se heurtaient au nom d'un principe religieux, avec le désir d'asservir ou de convertir
les vaincus, il était possible de croire aux luttes éter-
nelles, car l'épée n'a jamais pu détruire une foi. Mais
aujourd'hui la paix et la guerre ne se décident plus au
nom de la religion. Ce sont les intérêts politiques et
commerciaux qui président aux alliances, et, sur ce
terrain-là, on peut dire qu'il n'y a pas d'ennemis irréconciliables. L'événement a déjà prouvé que la paix et
la bonne harmonie étaient possibles entre des musulmans et des chrétiens.

Si des alliances sont possibles, si les peuples de l'une
et de l'autre religion peuvent vivre sous la même loi
politique, pourquoi persisterions-nous à croire que l'islamisme, en tant que foi, sera toujours l'ennemi du
christianisme ?

L'auteur de l'article qui fait l'objet de cet examen a
prétendu, en voulant caractériser la religion musulmane, que le prophète arabe n'avait fait appel qu'aux
instincts les plus grossiers pour faire prévaloir ses doctrines ; qu'en s'inspirant du judaïsme et du christianisme, il avait remplacé l'humilité par l'orgueil, la
charité par l'intolérance, les jouissances intellectuelles
par les plaisirs physiques. De bonne foi, Monsieur, les
personnes qui ont habité l'Orient, qui ont lu quelques
livres de doctrine musulmane, qui savent l'histoire,

reconnaîtront-elles l'islamisme à ce portrait? Le fatalisme, cette blessure inguérissable que l'islamisme porte au flanc, est-il fait pour exalter l'orgueil? Le dogme de l'infaillibilité, le principe *hors de l'Eglise point de salut!* sont-ils plus humbles que les versets du Koran qui reconnaissent le Pentateuque et l'Evangile comme des livres saints et ordonnent de juger les juifs et les chrétiens d'après leur loi? La charité n'est-elle pas assez honorée par Mohammed qui en a fait un des cinq articles fondamentaux de sa religion? Les annales de l'islamisme offrent-elles des actes d'intolérance comparables à ce qui s'est passé en Espagne contre les Maures et contre les juifs? Les conquêtes religieuses des Arabes ont-elles présenté des circonstances aussi regrettables que l'invasion de l'Amérique par les Espagnols?

La doctrine du Koran, qu'on taxe de matérialisme, était, au moment de sa promulgation, une réaction spiritualiste contre l'idôlatrie et les abominables mœurs qui régnaient en Arabie. Ce glaive, dont les soldats de Mohammed étaient armés, n'a jamais été tourné contre les juifs ni contre les chrétiens, en dehors du champ de bataille, pour les forcer à abjurer leur foi. Dans tout l'Orient, les églises étaient ouvertes. Je ne veux pas dissimuler que les chrétiens étaient et sont encore aujourd'hui un objet de mépris pour les musulmans; mais ce sentiment ne pouvait aller jusqu'à la persécution, puisque le Koran reconnaît Jésus comme prophète. En Afrique, la haine du nom chrétien est plus vive; mais n'oublions pas que l'Espagne est voisine; que les

bûchers de l'inquisition et les violences de toute espèce
doivent faire considérer cette haine comme une ven-
geance. Quant à la science et à la culture de l'intelligence, comment oublie-t-on que le Koran les a glorifiés
en termes pompeux, et qu'à côté de chaque mosquée
il y a, en Orient, une école.

Un auteur catholique, qu'on ne peut pas accuser de
partialité envers l'islamisme, M. de Maistre, a écrit que
cette religion n'est qu'une secte chrétienne. Si, en présence de notre civilisation tellement puissante aujour-
d'hui, les peuples musulmans nous paraissent barbares et
grossiers, en les comparant à des nations encore moins
développées, on arrive à mieux apprécier le caractère et
la mission de la religion de Mohammed. Voici, par exemple, en quels termes un écrivain rend compte de l'action
des musulmans sur les peuples de l'Afrique centrale :

« L'islamisme accomplit, dans l'intérieur de l'Afri-
« que, une mission civilisatrice. A mesure qu'il s'a-
« vance, on le voit renverser les idoles, abolir les sacri-
« fices humains, restreindre la polygamie, consacrer les
« droits des femmes, fonder les liens de famille jusque-
« là à peu près inconnus, faire de l'esclave un membre
« de cette famille, et souvent même l'appeler à la liberté.
« Là où il n'y avait que des barbares, dont les idées
« comme les croyances ne dépassaient pas l'horizon du
« pays natal, l'islamisme a fait des hommes ratta-
« chés à la grande famille abrahamique, dont ils par-
« tagent les traditions et les espérances ; et, avec ces
« idées d'une famille humaine, d'une Providence im-
« muable, bienveillante et rémunératrice, il a doté

« l'Afrique d'un bienfait qu'elle ne pouvait recevoir que
« de lui, celui de l'unité religieuse. »

Les récriminations les mieux fondées ne feraient pas
faire un pas à la question. Grâce à Dieu, les faits ont un
langage plus éloquent que ces vieilles rancunes. Pendant qu'on cherche à démontrer que les chrétiens ont
été, dans le passé, et doivent être, dans l'avenir, les
ennemis éternels des musulmans, les hommes qui ap-
partiennent à ces deux religions donnent des exemples
de tolérance plus consolants. Ainsi, croirait-on que,
depuis que la marine ottomane emploie des matelots
grecs, le sultan a ordonné qu'il y eût à bord de chaque
vaisseau une chapelle et un aumônier, afin que les chrétiens pussent remplir leurs devoirs religieux? Il y a
peu de jours, je lisais dans le journal arabe que l'administration française distribue aux indigènes de l'Algérie : « Les populations musulmanes et françaises doi-
« vent vivre comme des frères entre eux. » Chaque fois
que des chefs arabes ont été admis devant le roi, Sa
Majesté leur a toujours promis une généreuse protection
pour leur culte. Enfin, c'est à la sollicitation du sultan
lui-même que le patriarche de l'église de Jérusalem vient
d'être nommé par le pape!

Devant des faits aussi importants, quelle valeur con-
servent les injustes prophéties sur l'immuabilité des
musulmans? Lorsqu'il s'agit de la réconciliation de l'O-
rient et de l'Occident, que tant de signes indiquent
comme possible et prochaine, opposera-t-on la résistance
désespérée que quelques tribus de l'Algérie font contre
notre domination? Ce serait vraiment compromettre et

rapetisser ces importantes questions que d'accepter, comme un échec irremédiable, l'impuissance de ceux qui étaient chargés de pacifier l'Algérie. L'opiniâtreté des Arabes dans cette lutte, où ils défendent leurs foyers, leurs habitudes et leur foi qu'ils croient menacée, devrait nous convaincre que ce n'est pas par les armes que nous pourrons arriver à faire accepter notre souveraineté et notre tutelle. Quoi! en présence de cette population misérable, ignorante, qui garde encore une foi indomptable, la civilisation n'aurait, elle aussi, pour dernière raison, que le canon? Ce serait par la violence, les injures, le mépris que nous prouverions aux Arabes la supériorité du christianisme et la magnanimité de la France?

On répète avec assurance : les musulmans sont incorrigibles. Mais qu'avons-nous fait en Algérie pour les corriger, pour leur persuader que nous respections leurs croyances, que nous voulions faire d'eux nos frères? Avons-nous seulement, à l'exemple de ce que le sultan a fait pour le Chrétiens d'Orient, donné une organisation et un chef à leur culte? Les soldats musulmans qui servent dans nos rangs ont-ils des imans pour les guider dans leurs prières? Avons-nous relevé et réparé les mosquées que la guerre avait ruinées? Avons-nous encouragé l'instruction publique, fondé des hôpitaux, des crèches, des salles d'asiles pour tant de malheureux que la misère accable? Avons-nous appelé l'Arabe à se mêler à nos travaux agricoles et industriels? Bien loin de là, on a accusé le gouvernement à la Chambre des Députés, parce qu'il a fait construire quelques mosquées avec l'argent fourni par les musulmans; on lui a reproché de favoriser le pélerinage de la Mecque. Pour éteindre le fanatisme, on a proposé de détruire les sources où la population puisait l'instruction! Les revenus des biens substitués, destinés au soulagement des pauvres, sont détournés et appliqués à l'embellissement des places publiques. Il n'existe pas une institution de bienfaisance; la justice, le culte, l'instruction publique attendent encore une organisation.

Toutes les fois qu'on a tenté quelque chose de sérieux pour l'amélioration des indigènes, le succès a toujours couronné nos efforts. Une école pour les jeunes filles musulmanes à Alger compte près de cent élèves, et proteste contre la prétendue répulsion des Arabes pour tout ce qui vient de nous. Un service de santé, organisé depuis quelques mois seulement auprès des bureaux arabes, produit des résultats surprenants : hommes, femmes, enfants viennent se faire soigner par nos médecins. A Constantine, un cours de langue française est ouvert dans une mosquée, aussitôt trente jeunes gens, appartenant aux meilleures familles du pays, se font inscrire pour suivre les leçons du professeur. L'administration publie un journal en langue arabe, et dès le second numéro on peut constater un succès complet pour cette publication. A Oran, l'autorité militaire propose de construire des villages, et des tribus entières se montrent disposées à bâtir des maisons et à modifier d'une manière radicale leurs habitudes.

Non, Monsieur, les musulmans ne sont pas les ennemis irréconciliables des chrétiens. Un rapproche-

ment est possible sur le terrain politique aussi bien
que pour la question religieuse. Non, les Arabes algé-
riens ne sont pas incorrigibles. Nous pourrons les amener à vivre fraternellement avec nous. Il ne sagit pas
de faire des Arabes des chrétiens, ni de rendre les
Français de l'Algérie musulmans. Que chacun garde sa
foi, ses instincts, ses habitudes; mais que le travail
soit un lien entre les deux populations; qu'elles asso-
cient leurs intérêts, et soyez sûr que, sans secousses,
sans violences, elles se feront toutes les concessions
nécessaires pour rendre le rapprochement plus facile
et plus fructueux.

Il est toujours dangereux, lorsque deux peuples se
trouvent en contact, de rechercher lequel est supérieur
à l'autre. C'est vouloir éveiller et irriter toutes les susceptibilités. Mais enfin, puisqu'on croit que le christianisme est supérieur à l'islamisme, la meilleure manière
de prouver et de justifier cette supériorité, c'est de
rechercher de tous ses efforts les moyens d'améliorer
la condition sociale des musulmans, et de les amener à
notre niveau de civilisation. Pour cela, il faut renoncer
à proclamer que les armes et la guerre peuvent seules
dompter les musulmans, et que leur foi les condamne
à l'immobilité et à la décrépitude.

Permettez-moi, Monsieur, de terminer cette lettre,
déjà plus longue que je le voulais, par une citation
empruntée à un travail remarquable qui vient d'être
publié sur la question religieuse. On ne saurait trop
encourager la réhabilitation dans le passé de l'œuvre

religieuse, politique et sociale de Mohammed ; l'estime
doit toujours précéder l'affection.

« La grande hérésie d'Arius n'a été détruite, toutes
« celles qui dévoraient l'Orient, et qui nourrissaient
« dans cette partie du monde la guerre civile, n'ont
« été vaincues que par Mahomet, des peuples fétichistes,
« anthropophages, idolâtres, ont été élevés à la
« croyance en l'unité de Dieu par l'islamisme. La con-
« dition des femmes, libres ou esclaves, a été mille fois
« meilleure par l'islamisme qu'elle ne l'est encore
« chez les sectateurs de Boudha ou de Brahma, et chez
« les idolâtres de toutes les époques. Le Koran est un
« cantique d'adoration pour la science, quoique bien
« des gens le considèrent comme l'éteignoir de l'intelli-
« gence ; ceux-là oublient, en voyant l'ignorance actuelle
« des musulmans, que le christianisme était tout aussi
« ignorant alors que l'islamisme apportait à l'occident
« la lumière. Enfin, lorsque tant d'Européens, fils de
« chrétiens, considèrent Jésus-Christ comme un jon-
« gleur, et la Bible comme une fable, n'êtes-vous donc
« pas saisi d'admiration devant ces musulmans d'Asie et
« d'Afrique, aussi nombreux que les chrétiens d'Europe,
« qui regardent Jésus et Moïse comme plus puissants
« auprès de Dieu que Mahomet lui-même ; qui tous at-
« tendent, au jour du jugement, la venue du Christ,
« et ne prononcent qu'avec respect le nom de sa
« mère ? »